Pequeno Manual
do Orientador Espírita

Edição e Distribuição:

Fone/Fax: (019) 491-7000 / 491-5603
Caixa Postal 1820
13360-000 – Capivari-SP
E-mail: editoraeme@ncap.com.br

Solicite gratuitamente nosso catálogo completo com mais de 170 títulos

Paulo R. Santos

Pequeno Manual
do Orientador Espírita

Capivari-SP
— 2001 —

Pequeno manual do orientador espírita
Paulo R. Santos

1ª edição - Março/2001 - 2.000 exemplares

Capa:
Nori Figueiredo

Ilustrações internas e capa:
DR Perillo

Revisão:
Celso Martins

Diagramação:
André Stenico

Ficha Catalográfica:

Santos, Paulo R.
Pequeno Manual do Orientador Espírita, Paulo R. Santos, 1ª edição, março/2001; Editora EME, Capivari-SP.
68 p.
1 - Manual de atendimento fraterno
2 - Espiritismo
CDD 133.9

Sumário:

Capítulo I 7

Introdução. *9*

Capítulo II 15

Conceitos de saúde, doença e terapia *17*

Capítulo III 31

Formas de tratamento espíritas *33*

Capítulo IV 47

Acontecimentos comuns *49*

Capítulo V 61

Comentários Finais 63

Fontes Bibliográficas 66

Capítulo I

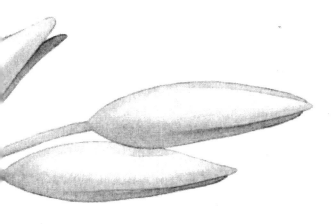

Introdução

São comuns os casos em que as instituições espíritas são procuradas por pessoas necessitadas tanto de orientação no campo espiritual, devido a problemas de natureza obsessiva, quanto carentes de recursos materiais, quando não por médiuns que desconhecem a própria mediunidade. Entretanto, de uns anos para cá, tem se tornado freqüente o aparecimento de criaturas com desordens emocionais e psíquicas, para as quais o dirigente ou trabalhador espírita não se encontra capacitado. Se por um lado, as perturbações espirituais quase sempre encontram solução através da psicoterapia e fluidoterapia espíritas, por outro, as depressões (uma espécie de cansaço de tudo), as neuroses (distúrbios psicossomáticos) e as psicoses (desarranjos das funções mentais) necessitam também de recursos outros, especialmente do acompanhamento médico adequado, a par da compreensão, amizade e apoio moral, encontradas no meio espírita. Sanar os aspectos espirituais de uma doença sem eliminar seus efeitos orgânicos pode propiciar o seu retorno, donde não podermos desprezar a medicina terrena.

O presente texto apresenta noções gerais de psicologia compiladas aqui e ali, e algumas sugestões sobre o comportamento a ser adotado pelo orientador diante dos inúmeros e variados problemas humanos. A atual crise da humanidade, em especial os problemas econômicos da sociedade brasileira, afetando diretamente o campo da saúde, aumentam o número de necessitados, muitos deles apenas de atenção, carinho e uma pessoa disposta a ouvir suas angústias. O orientador espírita raramente tem formação profissional na área da saúde. Não tendo habilitação para exercer o papel de médico não deve fazê-lo, mas pode ouvir, orientar e, se necessário, encaminhar a pessoa ao profissional de saúde, enquanto paralelamente colabora na recuperação moral e espiritual daquele que o procura, fornecendo-lhe novos parâmetros existenciais, infundindo-lhe fé e confiança no futuro, sem fazer promessas que não possa cumprir, nem fazê-las em nome da instituição que freqüenta ou dos amigos espirituais com os quais eventualmente possa contar.

O orientador espírita deve ser tão somente o amigo que ajuda e passa, como diz o espírito André Luiz, evitando criar laços de dependência psicológica e sem assumir ares sacerdotais ou a postura de um guru. Convém cuidar para não cair nos simplismos de sempre, enxergando carma e obsessão por todos os lados. Muitos dos atuais problemas humanos são puramente contingenciais; são vicissitudes da vida como dizia Kardec, e a depressão, por exemplo, é um dos maiores males desse fim de século.

Fato também comum é o orientador alegar ser intuído pelos seus "guias", o que na verdade

Pequeno Manual do Orientador Espírita

constitui uma forma de evitar responsabilidades, inclusive a de estudar para não ser eternamente um tutelado. Se ele próprio não se encontra em condições de deliberar corretamente sobre coisas da vida ordinária, como pode ser um orientador seguro, que inspire confiança e competência? Sobretudo, o orientador deve formar o hábito da leitura de livros de psicologia e daquelas obras espíritas de elevado conteúdo psicológico como as que têm por autores Joanna de Ângelis e Manoel Philomeno de Miranda, através da mediunidade de Divaldo P. Franco. Os livros do Dr. Jorge Andréa dos Santos, médico psiquiatra espírita, são também recomendáveis para aqueles que desejam possuir um bom conhecimento dos mecanismos da mente e da problemática humana. Ao lado de uma boa formação doutrinária, o conhecimento dos princípios da psicologia, auxiliarão muito àqueles que desejam, por opção ou vocação, dividir o sofrimento com seus irmãos por laços de humanidade.

Esclarecemos que partes do texto a seguir

são compostas de transcrições de obras especializadas, colocadas entre parênteses. Serão indicadas quando necessário e as obras de referência constam da bibliografia. Nossa condição é, portanto, mais a de um organizador-autor que propriamente a de autor.

Procuramos elaborar um trabalho em forma de manual, simples e o mais objetivo possível, porém sem perda do conteúdo mínimo necessário. Os interessados em conhecimento mais detalhado sobre tão vasto campo de pesquisa, qual seja a mente humana e seus meandros, deverão procurar obras e autores especializados e que possuam uma linha de pensamento e ação condizentes com a doutrina espírita. Isso posto passemos ao assunto.

Capítulo II

Conceitos de saúde, doença e terapia

"A saúde pode ser entendida como um estado de bem-estar físico e mental geral. A doença é uma ausência, suspensão ou quebra desse bem-estar e quanto à terapia a palavra é derivada do grego "therapeuein", cujo sentido fundamental é "serviço", e servir os melhores interesses de outro ser humano, seja ele estranho, amigo, cliente ou paciente, é o objetivo de qualquer tratamento e também o cunho da civilização.

Os tipos de personalidade:

As variações são imensas e as apresentações, muitas vezes, complexas, de modo a impedir uma análise ajustada e respectivo enquadramento. Entretanto, um esquema pode ser debuxado e assim encarado:

1-Personalidade ciclotímica — o ciclotímico se traduz por períodos de alegria, geralmente intensa, muita energia e atividade, ao lado de períodos depressivos. As oscilações variam, de um período para outro, entre semanas ou anos, não havendo ciclos bem determinados.

2-Personalidade esquizóide — a personalidade esquizóide caracteriza-se pela timidez, retraimento e incapacidade de estabelecer contatos interpessoais com "calor humano"; são, geralmente, indivíduos frios e desconfiados e, por isso, sofrendo sentimentos de inferioridade.

3-Personalidade paranóide — neste grupo encontramos os que torcem certos fatos comuns da vida como hostilidades dirigidas às suas pessoas. (...), a desconfiança é o ponto marcante.

4-Personalidade compulsiva — neste tipo existe excessiva ordem nos atos e realizações da vida, inclusive os mais costumeiros e habituais. São personalidades "secas e frias" com as pessoas e não admitem que alguém venha atrapalhar sua conduta meticulosa diante do rígido horário para as múltiplas atividades, mesmo aquelas sem importância. Sentem-se culpados e "golpeados" quando não trabalham.

5-Personalidade instável — são estruturas inseguras, com humor lábil e incapacidade para vencer os problemas comuns da vida diária; por isso, são pessoas pouco afetivas e têm dificuldade de, por exemplo, escolher a sua vocação.

6-Personalidade passiva — representa aqueles que, nas relações interpessoais, nunca mostram enfado tampouco esboçam reação (reação agressiva aceitável) ou resposta enérgica, se a situação assim o exige. (...), reprimem os sentimentos e são candidatos mais fáceis às fobias, às ansiedades e tensões.

7-Personalidade agressiva — neste grupo estão enquadrados os irritáveis por qualquer motivo, sem medidas da auto-afirmação. (...), a brutalidade de que se revestem é a reação do incapaz que deseja, com a máscara agressiva, encobrir a insegurança e ansiedade descontroladas que carregam consigo.

8-Personalidade anti-social — são todos aqueles que estão em conflito com a sociedade, seguem seus impulsos sem medir conseqüências; habitualmente envolvidos em atividades ilegais. Quase sempre traduzem irresponsabilidade e instabilidade matrimonial. Entre eles não há código moral.

9-Existe um grupo muito complexo onde as oscilações são imensas e impossível de abordagem, mesmo esquemática, neste pequeno artigo. São os desvios sexuais, os viciados com narcóticos e os alcoólatras. Os fatores terapêuticos são variadíssimos e adaptados a cada caso em particular. Ele próprio quase nunca procura melhorar, por não ter a possibilidade adequada de julgamento. Aqueles que desejam encontrar na religião, na hora que lhes apraz, o milagre imediato e completo, ainda não têm a maturidade necessária para perceberem que a Grande Lei da vida não pode ser vencida com um passe de mágica. (Jorge Andréa, Reformador-FEB, abril/81).

Diagnóstico:

O orientador consciencioso ouve as queixas do necessitado com todo o cuidado. Sabe que sua função é ser amigo e não apenas um consultor técnico. Além disso, evita rotular o entrevistado, dizendo-lhe que seu problema é uma neurose, psicose ou obsessão. Conversando com a pessoa deve tentar determinar a natureza de seu problema; verificar se ela já esteve com um médico, qual foi o seu parecer; investigar até que ponto seus problemas são de natureza emocional ou física. Somente após eliminar essas hipóteses poderá dizer, com relativa segurança, que suas disfunções têm origem espiritual. Não existem problemas de natureza exclusivamente orgânica, emocional, mental ou espiritual. Tais fatores interagem e é preciso determinar qual deles prevalece sobre os demais e a partir daí contribuir para a recuperação do necessitado. É conveniente investigar até que

22 Pequeno Manual do Orientador Espírita

ponto há influência determinante ou não dos seguintes fatores:

a - "estados de ansiedade: são episódios relativamente agudos mas passageiros de uma apreensão subjetiva intensa, fisicamente associada a palpitações cardíacas, respiração ofegante, pulso vibrátil, espasmo laríngeo, suores, tremores, constrição visceral, urgência urinária e outros sintomas de desequilíbrio do sistema simpático". Por trás de tudo há um medo indistinto; um sentimento de ameaça. É importante estabelecer a diferença entre ansiedade, com os sintomas descritos anteriormente, e expectativa, que é uma emoção normal e saudável.

b - "síndromes fóbico-obsessivo-compulsivos: caracterizam-se por pensamentos, fantasias e temores (obsessões) persistentes que, embora reconhecidos pelo próprio paciente como parcialmente irracionais, ainda assim conduzem a modos rigidamente padronizados (compulsivos) de comportamento". Nesses casos enquadram-se, normalmente, os problemas de perturbação espiritual de acordo com a definição espírita do problema. Além do aconselhamento e da fluidoterapia, o apoio de equipes de desobsessão é recomendável.

c - "síndromes depressivas: os sintomas típicos compreendem falta de apetite; constipação intestinal variável; perda de peso; fatigabilidade fácil; preocupações hipocondríacas; impotência sexual ou frigidez; e queixas subjetivas de incapacidade de se concentrar, sentimentos de fracasso, culpa e desesperança e, em casos graves, ruminações melancólicas em torno da morte e suicídio".

d - "estados farmacotóxicos: o alcoolismo, com suas ressacas de dores de cabeça, tremores residuais, lassidão irritável e outros sintomas familiares, constitui uma história antiga, mas é possível também que o paciente tenha se excedido no uso de sedativos, tranqüilizantes ou anfetaminas, com episódios conseqüentes de desorientação parcial, distúrbios sensoriais, confusão de idéias e imagens mentais, e recordações nebulosas de comportamentos, sexual e agressivo, desinibidos". É preciso atenção para determinar o possível uso de drogas e seus efeitos. Anfetaminas são drogas estimulantes.

e - "manifestações psicóticas: são apontadas quando se verifica que as relações do paciente com o terapeuta são notadamente aberrantes, que seus pensamentos são ilógicos, bizarros ou alucinatórios, suas emoções concomitantes manifestamente inapropriadas, e as experiências por ele relatadas indicativas de delírios de perseguição ou grandeza, ou impulsividade possivelmente perigosa".

Tais casos são freqüentemente acompanhados de processos obsessivos passíveis de tratamento espiritual, porém nem sempre rápidos ou de eficácia imediata. O orientador deve tomar as devidas cautelas para com o necessitado, encaminhando-o invariavelmente para o tratamento médico adequado ao lado do apoio espiritual de que necessita.

Entrevista:

É importante deixar o necessitado falar, de modo a eliminar as "toxinas mentais" através do desabafo. Trate-o sempre pelo nome. Em seguida assegure-o de que suas confidências serão respeitadas; que a sua busca pelo auxílio espírita não implica compromisso com o Espiritismo ou com a casa espírita. Faça com que ele especifique o que entende por generalidades evasivas como "nervosismo", "tensão", "tonturas", "crises de preocupação", "sensações estranhas" etc. Contudo, respeite sua sensibilidade e não pressione demasiado quando ele se mostrar embaraçado e resistente a um aprofundamento maior. Convide-o a descrever minuciosamente várias situações em que com maior probabilidade se torna ansioso, fóbico, obsessivo, deprimido, enraivecido, ou em que recorre ao álcool ou às drogas e, ao contrário, quando é menos possível experimentar ou continuar tais reações.

26   Pequeno Manual do Orientador Espírita

O orientador deve ter em mente que o necessitado o procura num momento excepcional de sua vida, encontrando-se portanto emocionalmente fragilizado. É desaconselhável ficar muito tempo a sós com a pessoa, especialmente se for do sexo oposto, para evitar constrangimentos mútuos e eventuais comentários. Uma conversa reservada em ambiente afastado ou numa sala em que a porta seja mantida aberta pode ser uma solução razoável. Não custa relembrar que o orientador não deve, em hipótese alguma, recomendar a suspensão do uso de qualquer medicamento que o necessitado esteja usando por indicação e com acompanhamento médico. As eventuais melhorias do paciente indicarão ao médico, a hora de retirar tal ou qual medicamento.

Terapia:

Aconselhamento adequado, associado à fluidoterapia espírita, acompanhamento médico (se for o caso) e, eventualmente, o tratamento desobsessivo, muitas vezes são suficientes para o alívio do necessitado. Principalmente se ele já tiver perambulado pelos consultórios médicos sem solução para o seu problema. Deve ser ressaltado o fato de que talvez seja o caso de se reformar intimamente, de modo a obter o alívio dos sintomas, sua reabilitação social e a recuperação da segurança íntima. Além disso, deve-se lançar mão de recursos complementares tais como a mudança de ambiente (férias, um período de repouso em ambiente favorável), a busca de superação dos conflitos (conjugais, profissionais, existenciais), e procurar fugir às pressões ambientais negativas (lar desestruturado, inadaptação profissional, relacionamento afetivo conflitante) pelo menos por algum tempo. Em resumo, o necessitado poderá precisar reeducar-se para a vida com o auxílio de um orientador de confiança.

A função do orientador:

O orientador deve colocar-se na condição de uma muleta da qual se servirá temporariamente o

28 Pequeno Manual do Orientador Espírita

necessitado. Deve evitar criar vínculos de dependência emocional ou psicológica, saindo da função de orientador para a de mestre ou guru. Igualmente deve cuidar para que não ocorra o tão comum fenômeno da transferência, no qual ele assume um papel que não lhe compete, qual o de pai ou mãe, dando manutenção à dependência em outros termos, impedindo que o necessitado volte a caminhar com as próprias pernas.

Conclusão:

É natural que após um acompanhamento bem sucedido surjam vínculos de amizade e gratidão. Pode ser que o outrora necessitado continue procurando o seu antigo orientador para troca de idéias sobre outras questões da vida. Isso é perfeitamente normal desde que se cuide para não assumir uma posição determinante sobre a vida e as decisões de outrem. Ajudar alguém a decidir não é o mesmo que decidir por ele.

Um detalhe final e não menos importante é quanto ao local de atendimento ao necessitado.

Preferencialmente a casa espírita, que dispõe de ambiente espiritual adequado, equipes socorristas compostas de desencarnados habilitados para esse mister e um clima de segurança para os envolvidos, encarnados ou não. O lar do orientador definitivamente não é, de modo algum, local para aconselhamento, a não ser em caráter excepcional. O lar é local de repouso e refazimento e não sala de passes ou de desobsessão. Acresce que normalmente nem todos da família são espíritas, pode haver crianças, idosos ou enfermos, mais sensíveis às influências perturbadoras.

Isso posto, é desnecessário argumentar sobre a inconveniência de se informar ao necessitado o endereço ou telefone, residencial ou de trabalho do orientador. Deve-se estabelecer um contato com ele e marcar dia e hora para uma conversa no centro espírita. Somente a invigilância ou o precário conhecimento doutrinário permite ao espírita encaminhar à residência ou local de trabalho do orientador o necessitado, obsedado ou não, sob o pretexto de caridade urgente. O orientador tem seus afazeres e obrigações familiares e profissionais;

30   Pequeno Manual do Orientador Espírita

suas atividades de orientação são decorrentes da ascendência moral ou carisma pessoal que o torna colaborador precioso no reequilíbrio de criaturas angustiadas e, portanto, a manutenção de seu equilíbrio pessoal é fator de suma importância para o bom desempenho de seu trabalho.

Capítulo III

Formas de tratamento espíritas – uma sugestão: trabalhos de cura.

Implantação do trabalho de cura nas sociedades espíritas

Movimento de Reformas - Grupo Espírita Bezerra de Menezes (São José do Rio Preto/SP) - publicado no Boletim "A Voz do Espírito", nº 21, de 15.04.2000

Introdução

"Allan Kardec foi muito claro quando da

abordagem sobre a mediunidade de curas e sua importância nos trabalhos espíritas. Escreveu vários ensaios sobre o assunto e enfatizou este tipo de mediunidade como um dos importantes fatores na divulgação do Espiritismo, pois, como ele mesmo disse, qualquer pessoa gostaria de ter seus males curados e buscaria os recursos necessários para isso. Se a Doutrina Espírita pode oferecer meios de auxiliar nesse campo, não há porque não fazê-lo.

Por tudo o que foi exposto no documento "Mediunidade Curadora", entendemos que seria de muito bom proveito se toda casa espírita se estruturasse de forma a atender a essa grande massa de sofredores que portam problemas espirituais e orgânicos de toda ordem. Sendo o centro espírita um pronto socorro da Espiritualidade, certamente que os Espíritos superiores buscam socorrer as pessoas por todos os meios e nada mais coerente que os centros espíritas se estruturem para colocar-se à disposição deles, a fim de que a obra divina seja realizada.

Sem querer dar a última palavra sobre o

assunto, divulgaremos um pequeno roteiro como sugestão para implantação dessa atividade nas instituições espíritas, com considerações úteis em alguns pontos para melhor avaliação, incluindo normas necessárias a qualquer trabalho.

1 - Das Normas

As sociedades espíritas organizadas já têm normas bem delineadas que orientam seus trabalhos de uma forma geral, não sendo necessário que novas sejam criadas para este mister. Convém lembrar que devem ser observados os critérios de admissão comuns a qualquer trabalho da casa espírita, cuidando para que esta atividade não se envolva em misticismo, fanatismo e nem se transforme numa panacéia que se propõe a tudo resolver. Em uma casa bem orientada será apenas mais uma fonte de benefícios para as criaturas necessitadas, não tendo evidentemente nenhuma figura central como médium curador, ou coisa parecida. Mesmo que existam indivíduos na casa com esse tipo de mediunidade, eles devem ser encarados como instrumentos para a realização do trabalho do Bem, nada mais.

2 - Da escolha do dia do atendimento

Qualquer casa que tenha um público acima de cem pessoas por reunião pública pode estruturar seus trabalhos de cura em dia específico para este fim, o que sem dúvida dá condições para que os resultados sejam melhores, levando-se em consideração que os Espíritos manipulam as energias do ambiente para operar as curas. Mas isso não invalida que o trabalho possa funcionar também no dia das atividades públicas normais. As casas que não tiverem condições de separar as atividades poderão fazer muito no mesmo dia do atendimento comum já existente.

3- Da entrevista*

A entrevista será realizada normalmente no serviço de atendimento da casa. Tanto pode ser nos dias das reuniões públicas, como em dias específicos para esse fim, dependendo das atividades que a casa achar conveniente exercer. Na entrevista serão identificados os casos que necessitem de assistência da mediunidade curadora. Geralmente são pessoas que já trilharam pelos caminhos da medicina terrena e não encontraram ali um resultado satisfatório. Não se deve dar ao trabalho de cura uma conotação de "milagre", mas de mais uma ajuda que Deus dá a seus filhos através dos Espíritos. Sempre ressaltar a importância do tratamento médico concomitante.

* Convém lembrar que o orientador deve, com habilidade e cuidado, verificar se o entrevistado não se encontra, naquele momento, drogado, alcoolizado, sob pressão obsessiva, ou sob o efeito de qualquer tipo de substância que altere o comportamento. Uma entrevista realizada nestas condições é praticamente inútil, além de comportar certos riscos, pois o entrevistado pode criar constrangimentos e mesmo provocar escândalos no local. O melhor é convencê-lo de que deve ir para casa, tomar um bom banho e

38 Pequeno Manual do Orientador Espírita

deitar-se, enquanto os Espíritos amigos, encarnados e desencarnados, o auxiliam com suas orações. Deve-se, quando possível, deixar acertada a entrevista para outro dia. (Nota do autor)

3 - Da reunião pública

Em primeiro lugar, se for possível, é mais adequado estabelecer na casa espírita um dia específico para o atendimento de enfermidades físicas. Estrutura-se o trabalho como uma reunião pública convencional, com atendimento de entrevistas, palestras de explanação do Evangelho e passes após a palestra. O hábito de ministrar o passe durante a palestra tem o inconveniente de tirar atenção dos ouvintes dos ensinamentos necessários para a resolução ou alívio dos seus sofrimentos.

Na entrevista, se for detectado um problema obsessivo concomitante ao problema orgânico, o assistido deverá ser encaminhado primeiro ao tratamento desobsessivo e depois, então, submeter-se-á a fluidoterapia curadora. A razão disto é simples: um organismo impregnado de fluidos deletérios oriundos dos processos obsessivos, oferecerão barreira importante para a ação do magnetismo curador no campo perispiritual. É mais ou menos como a assepsia realizada no campo das cirurgias orgânicas.

Pode-se questionar também a razão pela qual necessitaria que se criasse uma reunião específica para essa atividade. Diremos que se compreendermos bem a natureza dos fluidos e sua dinâmica e sendo eles o móvel de toda atividade mediúnica, curativa ou não, pode-se entender facilmente que será muito mais fácil para o mundo espiritual manipular os fluidos existentes no ambiente em proveito aos sofredores, em dias destinados especificamente para esse fim, estando todos os trabalhadores com esse objetivo em mente.

Entretanto, em casas onde for impossível tal procedimento, por razões de tempo disponível ou espaço físico, pode-se estruturar o trabalho em um dia só de atendimento ao público, havendo a especificação apenas na cabine de passes.

4 - A cabine de passe

A cabine deverá ter uma cadeira e uma maca, para os casos em que o paciente necessite deitar-se. Uma pequena mesa também é útil para realizar as anotações nas fichas, necessárias a cada caso. Se for possível, adequar um recinto especificamente para esse fim. O recolhimento é condição essencial para esta atividade.

5 - Dos passistas

Definir 2 ou 3 pessoas que já trabalham na cabine de passes para dedicar-se a esse trabalho.

As condições exigidas são todas aquelas necessárias ao trabalho de passe comum, porém antes instruir sobre o mecanismo dos processos de cura para que a ação se efetive mais prontamente, estando o veículo do fluido (o magnetizador) consciente do fato que por ele se opera.

Esta equipe funcionará paralelamente ao trabalho de passe normal da casa. Isto quer dizer que haverá duas equipes de passistas neste dia.

6 - Da preparação do ambiente

Antes dos trabalhos a equipe deverá fazer uma prece fervorosa e sincera, evocando a presença dos médicos espirituais para secundá-los na tarefa. Colocar-se sempre com muita humildade e conscientes da limitação de cada um.

Lembremo-nos: o auxílio virá na dependência da nossa sinceridade de propósitos.

7 - Dos passes

No início da magnetização, o passista deverá instruir a pessoa para postar-se em condições de receber o auxílio, fazendo prece sincera de apelo a Jesus.

Só depois então iniciar o passe, que deve ter a duração de qualquer outro na medida do bom senso. Claro que em alguns casos poderá durar um pouco mais, se o passista intuitivamente achar necessário. Não nos esqueçamos que estamos em uma atividade mediúnica, portanto sob a ação dos Espíritos que podem nos intuir sobre esta ou aquela necessidade do paciente.

O passe deverá ser ministrado por duas pessoas. Uma que fará a magnetização principal e outra no auxílio àquela. Uma terceira pessoa permanecerá na cabine para realizar anotações, quando houver necessidade.

8 - Do paciente

Existindo na casa espírita um trabalho específico para este fim, as pessoas naturalmente buscarão ser atendidas neste dia. Entretanto podem ser atendidas nos outros dias e serem devidamente encaminhadas.

A pessoa será atendida pela primeira vez na sala de entrevistas, e o entrevistador, detectando a necessidade, encaminhará o paciente para o tratamento, tendo o cuidado de não prometer curas miraculosas. Lembremo-nos: todo o trabalho só se realiza por vontade do Pai, sem o que nada poderia ser feito.

O tratamento consiste em assistir as reuniões de explanação do Evangelho e submeter-se à fluidoterapia.

Será atendida pela primeira vez na cabine de passes para enfermidades físicas, e mais quatro passes na cabine comum, nas semanas subseqüentes. Se não houver espaço físico para isso, claro os passes serão ministrados na mesma cabine, em momentos diferenciados.

Deverá ser instruída para a necessidade de mudança de postura através do esforço íntimo de renovação.

9 - Dos resultados

Após as 4 semanas de fluidoterapia, o paciente retornará à sala de entrevistas para avaliação dos resultados.

Se houver melhora considerável, colocar em mais 4 semanas nos passes da cabine geral e, depois de novo retorno, liberar com a orientação de permanecer observando o reaparecimento ou não dos sintomas.

Se não houve melhora ou se ela foi insignificante, repetir todo o procedimento.

44 Pequeno Manual do Orientador Espírita

Se após isto não houver remissão dos sintomas, considerar como resultado negativo.

10 - Alternativas

Nas casas onde não for possível estabelecer um dia determinado para esta atividade, poderá estruturar-se o trabalho de passe da seguinte forma:

— Depois dos passes comuns e de desobsessão, a equipe fará uma prece evocando os médicos espirituais, antes de iniciar os trabalhos, solicitando aos irmãos espirituais que realizem a limpeza fluídica do ambiente, que pode estar impregnado dos fluidos insalubres decorrentes dos trabalhos desobsessivos ali realizados.

— A equipe ministrará os passes normalmente naquelas pessoas que já fizeram a magnetização inicial e já estão se submetendo aos passes subseqüentes.

— Depois de encerrada esta parte, a equipe de 2 ou 3 que foram designados para esta tarefa, se recolherá à prece novamente e o procedimento será o mesmo já explicado acima. Neste caso, para dar assistência aos que serão submetidos à fluidoterapia pela primeira vez".

Capítulo IV

Acontecimentos comuns

A - Perda de entes queridos:

A cultura ocidental, dita cristã, não prepara realmente as pessoas para a inevitável desagregação orgânica, isto é, para a morte, seja a própria, seja de outros. O resultado é o desespero e a revolta. Muitos blasfemam contra a vontade de Deus, acusando-o de injusto, como se fôssemos capazes de julgar as leis universais estabelecidas pelo Criador.

A morte é a única fatalidade da vida. Quem nasceu morrerá um dia. É a lei da renovação das

50   Pequeno Manual do Orientador Espírita

coisas, dos seres e das idéias. No entanto, não é fácil fazer com que alguém que perdeu um ente querido recentemente e encontra-se emocionalmente abalado aceite com facilidade qualquer tipo de argumentação a respeito. Isso sempre exigirá extremo cuidado e habilidade do orientador, que deverá primeiramente deixar que a dor da perda seja extravasada através da terapia do desabafo, e só depois explicar calmamente o papel da morte no Universo, evitando tocar diretamente no caso em questão, a menos que o consulente o questione e somente para atender às suas dúvidas. Evitar de todo modo fazer explanações intelectuais num momento como este.

A doutrina espírita tem argumentos de sobra sobre o que se chama morte e esclarecer que, de fato, o processo não é mais que uma mudança de esfera existencial não será tão difícil se o orientador conhecer bem a questão e tiver alguma experiência de vida que lhe dê ascendência, autoridade moral, para falar sobre o assunto. O Espiritismo matou a morte ao provar a sobrevivência da alma e a reencarnação. O momento da perda de um ente amado é propício para uma reconceituação da vida e, conseqüentemente, da morte ou desencarnação. Saber compartilhar a dor do outro, sem assumir seu sofrimento é o melhor caminho para o orientador que sabe aproveitar um momento difícil para auxiliar no progresso espiritual daquele que o procura.

B - Desastres econômicos ou financeiros:

Não é incomum nos dias que correm alguém ver-se, da noite para o dia, sem recursos materiais, falido materialmente, envolvido em dívidas que não consegue pagar, entrando numa situação que o leva ao desespero, à reprovação social, familiar, freqüentemente às barras de um tribunal. Para muitos, de formação honesta e íntegra, tais situações são arrasadoras. Infelizmente, até o suicídio tem sido conseqüência dessas situações de calamidade material.

Outros, fragilizados pela situação que vivem, ameaçados ou pressionados por credores e pelas necessidades de sobrevivência, tomam o

52 Pequeno Manual do Orientador Espírita

caminho das atividades ilegais, como o narcotráfico, a compra e venda clandestina de armas, o furto e o roubo, quando não de crimes ainda mais horrendos. Não cabe ao orientador entrar no mérito da questão, nem fazer-se de juiz de ninguém. Se aquele ser tomou a iniciativa de procurar ajuda é porque não pretende permanecer naquela situação. Quer entender o que aconteceu, como sair daquilo, quer consolo e esperança.

Considerando a delicadeza de tais situações que, normalmente, envolvem familiares, as leis e os costumes, credores nem sempre compreensivos e, eventualmente, o envolvimento com atividades ilícitas, o orientador deverá ter extrema cautela ao atender o necessitado, de modo a não tornar-se um cúmplice e nem tomar ou assumir decisões por aquele que o procura. Deverá ouvir e procurar compreender bem a situação, considerar as implicações morais e também legais que envolvem o caso, e somente depois de pesar sensatamente a situação esclarecer, se for o caso, opinar ou sugerir uma saída que deverá ser sempre dentro dos melhores padrões éticos, em respeito à legalidade e à sociedade.

Sempre será conveniente lembrar que tais situações podem ser fruto de necessidades ou conseqüências cármicas, mas também simples resultado de improbidade, incapacidade administrativa, não raras vezes de ganância, ambição e atos desonestos que culminam com a decadência material e, com ela, a queda moral. O orientador deverá lembrar ao necessitado que o momento exigirá calma e bom senso, força de vontade e equilíbrio, humildade e bom ânimo, pois é uma oportunidade de aprendizado espiritual.

C - Doenças crônicas:

Pode ser a situação comparativamente mais fácil de ser atendida pelo orientador. Isso porque o doente crônico é, em geral, aquele que já perambulou pelos consultórios de vários especialistas, conviveu com a dor de outros e quer compreender a própria. Comumente são pessoas relativamente mais compreensivas e preparadas para um diálogo em que a doença é um componente

54 Pequeno Manual do Orientador Espírita

de aprendizado.

As doenças em geral, principalmente aquelas crônicas ou de longa duração, não devem ser vistas como cármicas ou resultantes de processos obsessivos exclusivamente. Esse alerta é importante, pois no meio espírita, lamentavelmente, existe a tendência reducionista de tudo se explicar a partir da lei do carma (causa e efeito) e da obsessão. Poucos se lembram da advertência evangélica de que a caridade cobre a multidão de pecados e, sobretudo, que uma mudança de conduta, de rota de vida, muda conseqüentemente o futuro do indivíduo, alterando-lhe as possibilidades de existência material e espiritual. Além disso, existem as vicissitudes da vida, como diria Kardec, ou as contingências, para usar a expressão de André Luiz (espírito), fatores decorrentes da vida material, conseqüentes, pois, das condições de vida no planeta e não de alguma culpa ou "pecado" do necessitado.

O orientador deve esclarecer ao necessitado que a doença que o acometeu, com certeza tem uma função em sua vida e pode — deve — ser aproveitada como experiência espiritual. Não importa se é decorrência de erros do passado ou efeito da presente existência. O que interessa é entendê-la como oportunidade de aprendizado, enquanto se procura, naturalmente, a cura. O auxílio médico terreno, mais o socorro espiritual podem, com o tempo, dar solução ao problema. Mas pode ser também que aquela doença deverá acompanhar o indivíduo pela sua vida a fora, como um freio para determinadas coisas e como mola propulsora para outras. Por isso a doença, principalmente física, não deve ser encarada necessariamente como um mal. Nossa miopia espiritual é que nos faz ver a doença quase sempre como um sinal de inferioridade moral ou um estado de expiação espiritual. Postura doutrinariamente errônea que o orientador esclarecido saberá evitar.

Nota: A palavra 'carma', usada largamente no meio espírita, não corresponde exatamente à Lei de Causa e Efeito, como a Doutrina Espírita a apresenta. O carma — conceito tomado de

56 Pequeno Manual do Orientador Espírita

empréstimo das doutrinas orientais — traz em si um componente de fatalismo que não existe no ensinamento espírita. Apenas a morte é inevitável, portanto fatal; tudo o mais pode ser alterado dependendo da vontade, do livre-arbítrio, do Espírito.

D - Problemas familiares:

Vivemos uma fase inédita na história do planeta, como a previu Jesus e encontra-se descrita no capítulo 24 do Evangelho de Mateus. Além da inversão e da subversão de todos os valores, dos mais simples aos mais caros à manutenção da estabilidade social, vemos as instituições sociais ruírem por inteiro para darem lugar às novas que nascem dos escombros das antigas.

Dentre estas instituições, uma das mais importantes e que se encontra em profunda crise é a familiar. A era industrial forçou alterações bruscas na instituição familiar, e a falência das religiões tradicionais, acrescidas das calamidades sociais e sofrimentos coletivos do século XX, puseram em xeque não apenas a família em si, mas o papel social de cada membro componente da família. Não existe mais a figura patriarcal do "cabeça do casal", atribuída ao homem; os filhos, antes submetidos à vontade paterna e, na ausência dela, da materna, atualmente vêem-se entregues a uma educação terceirizada, delegada à escola, à TV, aos jogos, à "tribo" etc.

A instituição familiar se encontra em transformação. Houve progressos e alterações que se ajustarão com o tempo. Enquanto isso, não há como negar que há uma crise de identidade de cada membro da família, núcleo afetivo da sociedade e unidade constitutiva e estabilizadora dos agrupamentos humanos. A família, deixando de dar o indispensável alimento afetivo a cada um de seus membros, reforçou o individualismo, um mal que aflige cada ser humano, pois somos seres naturalmente gregários. Existe ainda um círculo vicioso no qual os problemas sociais alimentam os problemas familiares e vice-versa.

Dos mais costumeiros problemas citamos as crises conjugais e o relacionamento entre pais e filhos, o chamado conflito de gerações. O primeiro

58   Pequeno Manual do Orientador Espírita

caso, em geral, tem o componente do desgaste gerado pelo convívio dos anos e vai até a escassez material; no segundo caso, a velocidade das transformações leva pais e filhos quase a não se entenderem apesar de usarem uma mesma língua; o problema está na visão de mundo que muda em muito pouco tempo. Como se isso não bastasse, existem pais que trabalham fora o dia todo e quase não vêm seus filhos, o que aumenta a distância afetiva entre eles. Esse distanciamento afetivo mútuo conduzirá, eventualmente, a crises existenciais que levarão o indivíduo a procurar compensações nas drogas, no alcoolismo, na conduta irregular, na agressividade social, no egoísmo e no hedonismo.

O orientador, ao ver-se diante de tais situações, deverá entender que não poderá dar solução imediata e definitiva a um problema que envolve outras pessoas ligadas entre si por laços dessa natureza, mas poderá amenizar o sofrimento daquele que o procura dando-lhe o entendimento da fase que vivemos, um período que exige compreensão, tolerância e algumas mudanças na rotina de vida para melhorar as condições de vida na família. A religião poderá dar sustentação psicológica àquele que desejar.

Capítulo V

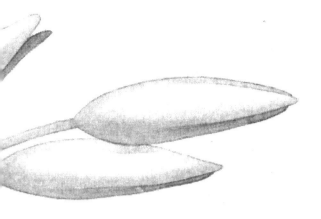

Comentários finais

Com o presente texto não tivemos a pretensão de abordar todos os aspectos que envolvem o atendimento aos sofredores que buscam socorro nas agremiações espíritas, mas tão somente lembrar àquele incumbido de desempenhar tal função de que está lidando com seres humanos, espíritos em evolução, cada um com uma história própria e necessidades peculiares. Cada caso é um caso, como se diz popularmente, por isso não seria possível elaborar um tratado a respeito do assunto. Em muitas ocasiões, a maioria talvez, será muito mais

64 Pequeno Manual do Orientador Espírita

importante a sensibilidade e a perspicácia do orientador do que o conhecimento de aspectos técnicos da Psicologia ou da Sociologia. Como disse Jorge Andréa, o orientador não é um consultor técnico, mas um irmão que auxilia dentro de limites.

Os problemas humanos são inumeráveis e variadíssimos. Sempre exigirão, acima de tudo, muita compreensão. O coração falará mais alto, apoiando-se na razão que esclarece e aponta caminhos. Espíritas ou não, somos antes de tudo espíritos em evolução e os problemas e dificuldades, obstáculos e limitações que devemos enfrentar durante a reencarnação serão sempre fatores de progresso, se forem bem aproveitados como tais. Caberá ao orientador espírita ter isso sempre em mente, eximindo-se assim do papel de juiz de quem quer que seja, bem como de qualquer situação, já que ele jamais conhecerá todos os detalhes de tal ou qual caso. Tal condição é prerrogativa e exclusividade divina.

Fome, doenças, guerras, miséria moral e

material, crueldade psicológica e física, ganância e ambição, orgulho, egoísmo e vaidades. Fatores que acompanham a humanidade terrena desde seus primórdios e ainda acompanharão até que os Espíritos que a compõem progridam o suficiente para deles se libertarem, livrando-se de seus vícios e fortalecendo as virtudes que cada um traz em germe no íntimo de seu ser. Enquanto isso, deveremos nos apoiar uns nos outros, reconhecendo nossas limitações e fraquezas, nossa fragilidade física e espiritual, mas também nossa condição de seres imortais, passageiros do tempo em direção à perfeição relativa.

Fontes Bibliográficas e sugestões de leitura

Masserman, Jules. <u>Terapia dos distúrbios de personalidade</u>, Rio de Janeiro, Livraria José Olímpio Editora, 1974

2 - **Andréa**, Jorge. <u>Visão espírita nas distonias mentais</u>, Rio de Janeiro, FEB, 1991

3 - **Tourinho**, Nazareno. <u>Relações humanas nos Centros Espíritas</u>, São Bernardo do Campo, Edições Correio Fraterno, 1994

4 - **Ângelis**, Joanna de/Divaldo P. Franco. <u>O homem integral</u>, Salvador, LEAL, 1990

5 - **Andréa**, Jorge. <u>Reformador </u>(revista) - FEB, abril/81

Coleção EME - Estudos e cursos

O Passe:
Eficácia, Interpretações e Implicações

GERALDO PANETTO

Curso para passistas
• 13x18cm • 320 p.

O autor explica o porquê e como do passe, sua eficácia nos tratamentos e suas implicações. Fala muito mais sobre este recurso da terapêutica espírita.

Prefácio Profa. *Heloísa Pires*

Expositores Espíritas

RUBENS BRAGA

Curso para expositores
• 13x18cm • 166 p.

Um livro necessário e oportuno para dirigentes, oradores e iniciantes que desejam desenvolver o conhecimento, a técnica e a organização de uma exposição espírita. Prático e ilustrado.

Conheça mais o Espiritismo

Manual do Expositor e do Dirigente Espírita

CELSO MARTINS

Oratória e exposição espírita
• 14x21cm • 144 p.

Este livro explica algumas técnicas àquele que deseje expor em público a mensagem espírita. É um manual simples e objetivo, escrito pelo professor que lecionou durante 30 anos em escolas públicas e particulares, com experiência na oratória em centros espíritas e exposição em rádios.

Espiritismo sem Mistérios

ALBERTO L. DE MELLO ROSATTO

ABC sobre Espiritismo
• 14x21cm • 240 p.

Um livro com as noções básicas do Espiritismo. Em linguagem agradável e instrutiva trata dos fundamentos da Doutrina para aqueles que desejam iniciar seus estudos.

Conheça mais o Espiritismo

Diário de um Doutrinador

LUIZ GONZAGA PINHEIRO

Experiência de dirigente de
reuniões de desobsessão
• 14x21cm • 212 p.

Obra que enfoca, através de relatos sintéticos e de fácil assimilação, a realidade de uma reunião de desobsessão. São narrados fatos reais, onde a necessidade de conhecimento doutrinário, da aquisição da disciplina moral e mental são indispensáveis.

e suas
es

PINHEIRO

Controle de qualidade

Ana Paulinha

revelador em torno do corpo
...ual, centrado no processo de
...odelagem do perispírito.

Conheça mais o Espiritismo

Espiritismo (Série para Entender)

CELSO MARTINS

Comentários sobre o Livro dos Espíritos
• 10x14cm • 133 p.

Neste livro, o autor, seleciona uma série de textos de "O Livro dos Espíritos", que tratam de temas como: O tríplice aspecto do espiritismo; Deus: Pai de Amor e Bondade; O Mundo Espiritual e outros.

Um Pouco mais sobre Mediunidade

CELSO MARTINS, ORGANIZADOR E AUTORES DIVERSOS

Mediunidade • 14x21 cm • 102 p.

O esclarecimento em torno da mediunidade e novas revelações: A Terapia Psíquica na União Soviética (Rússia), Médium que fala a Língua dos Faraós, Mediunidade do Papa Pio XI, Médiuns e obsidiados ilustres, Um Médium chamado Tiradentes, entre outros interessantes assuntos.

Conheça mais o Espiritismo

Mediunidade ao seu Alcance

CELSO MARTINS

Mediunidade, Comunicação dos Espíritos e fatos mediúnicos
• 14x21cm • 158 p.

Escrito numa linguagem simples e objetiva, este livro explica o que é a Mediunidade. Fruto de um estudo sobre o assunto, farto de exemplos ilustrativos, que geram invariavelmente curiosidade e satisfação, sendo uma importante fonte de consulta sobre o assunto.

Mediunidade - Tire suas dúvidas

LUIZ GONZAGA PINHEIRO

Mediunidade
• 14x21 cm • 192 p.

Uma obra esperada pelos espíritas. Luiz Gonzaga Pinheiro, reestruturou o livro agora em duas partes: para iniciantes e iniciados na Doutrina, e especialmente para quem pratica ou quer desenvolver a mediunidade. Prático, apresentado em forma de questões do Livro dos Médiuns.

Conheça mais o Espiritismo

O Pensamento Religioso da Humanidade

CRISTÓVAM M. PESSOA

Estudos sobre religiões
• 13x18cm • 144 p.

Trata-se de estudos sobre religiões com prefácio do prof. Celso Martins. O texto em linguagem clara, objetiva e agradável, é resultado de pesquisa séria e robusta, oferecendo ao leitor espírita, conhecimentos espirituais

Oração é Luz

ARMANDO F. DE OLIVEIRA

Preces e Comentários
• 13,5x18,5 cm • 200 p.

Um livro com explicações e comentários em torno da oração, com uma coletânea de preces, inclusive as mais lindas, populares e espíritas do evangelho.

Não encontrando os livros da EME na livraria de sua preferência, solicite o endereço de nosso distribuidor mais próximo de você através do Fone/Fax: (0xx19) 491-7000.